CB140489

REINALDO DOMINGOS

A SEMENTE DOS SONHOS

ILUSTRAÇÃO: PATRICIA PESSOA

©Reinaldo Domingos, 2019
©Editora DSOP, 2019

OI, EU SOU O AUTOR DO LIVRO, FUI EU QUE ESCREVI ESTA HISTÓRIA

Autor | Reinaldo Domingos
Coordenadora editorial Renata de Sá
Projeto gráfico | Christine Baptista
Editora de arte | Beatrice Jacob
Ilustradora | Patricia Pessoa
Redatora | Renata de Sá
Revisora | Patrícia Dourado

OI, EU SOU A ILUSTRADORA DO LIVRO, FUI EU QUE DESENHEI ESTA HISTÓRIA

DADOS INTERNACIONAIS DE CATALOGAÇÃO NA PUBLICAÇÃO (CIP)
(CÂMARA BRASILEIRA DO LIVRO, SP, BRASIL)

Domingos, Reinaldo
A semente dos sonhos / Reinaldo Domingos ; ilustração Patricia Pessoa. -- São Paulo : Editora DSOP, 2020.

ISBN 978-85-8276-347-6

1. Dinheiro - Literatura infantojuvenil
2. Finanças - Literatura infantojuvenil
I. Pessoa, Patricia. II. Título.

20-33238
CDD-028.5

ÍNDICES PARA CATÁLOGO SISTEMÁTICO

1. Educação financeira : Literatura infantil 028.5
2. Educação financeira : Literatura infantojuvenil

Cibele Maria Dias - Bibliotecária - CRB-8/9427

Querido leitor,

Meu nome é Reinaldo e, assim como você, eu já fui criança um dia. Desde pequeno, gostava de inventar histórias, criando um mundo de faz de conta. Cresci com a vontade de dividir com todas as crianças, as histórias que eu inventava. Esse era um dos meus grandes sonhos.

E eu consegui realizar. E você também pode realizar todos os sonhos que desejar. Basta seguir quatro passos que eu inventei e que estão aqui dentro.

Além de poder realizar sonhos, convido você para participar desta história comigo – pintando, desenhando, recortando... Espero que você goste!

Um forte abraço,
Reinaldo Domingos

NICO, ISA, MATHEUS E MÔNICA SÃO GRANDES AMIGOS. E DESDE O INÍCIO DAS AULAS SE TORNARAM INSEPARÁVEIS.

SEMPRE QUE PODEM, ELES BRINCAM NA PRACINHA DO BAIRRO ANTES DE IREM PARA A ESCOLA.

VOCÊ TAMBÉM TEM AMIGOS
INSEPARÁVEIS NA ESCOLA?
FAÇA UM DESENHO DE
VOCÊS PARA MOSTRAR

UM DIA, DURANTE A RODA DE CONVERSA (UM DOS MOMENTOS PREFERIDOS DE NICO), A PROFESSORA BIANCA TROUXE O TEMA SUSTENTABILIDADE PARA A CLASSE.

– SUSTENTA.... O QUÊ? – PERGUNTOU ISA.

– SUSTENTABILIDADE – RESPONDEU BIANCA. SIGNIFICA PROTEGER O NOSSO PLANETA HOJE, AMANHÃ E DEPOIS DE AMANHÃ...

– E COMO A GENTE PROTEGE O PLANETA? – QUIS SABER NICO.

– UTILIZANDO SEM DESPERDÍCIO O QUE A NATUREZA OFERECE E LEMBRANDO QUE, DEPOIS DA GENTE, OUTRAS PESSOAS TAMBÉM VÃO PRECISAR DELA – RESPONDEU A PROFESSORA.

MAR

– MINHA MÃE SEMPRE ME DIZ QUE TOMAR BANHO RÁPIDO AJUDA A NATUREZA – AFIRMOU MÔNICA.

– E ELA ESTÁ CERTA, MÔNICA! – FALOU A PROFESSORA.

A PROFESSORA BIANCA PERCEBEU QUE AS CRIANÇAS ESTAVAM MUITO INTERESSADAS NO ASSUNTO E APROVEITOU PARA COMPARTILHAR OUTRAS ATITUDES SUSTENTÁVEIS, COMO COLOCAR NO PRATO APENAS A QUANTIDADE DE COMIDA QUE VAMOS COMER E DESLIGAR A LUZ QUANDO SAIRMOS DE UM AMBIENTE.

VOCÊ TAMBÉM QUER AJUDAR A TURMA DO NICO A SALVAR O PLANETA? PROCURE IMAGENS QUE REPRESENTEM ESSA AÇÃO E FAÇA A ATIVIDADE DA PÁGINA 38.

E COMPLETOU EXPLICANDO QUE CADA UM PODE FAZER A SUA PARTE PARA SALVAR O PLANETA!

– SABEM O QUE MAIS É UMA ATITUDE SUSTENTÁVEL, CRIANÇAS? O REAPROVEITAMENTO DE COISAS QUE IRIAM PARA O LIXO.

A PROFESSORA BIANCA CONTOU AOS ALUNOS QUE REAPROVEITAR É SEPARAR ITENS QUE SERIAM JOGADOS NO LIXO E USAR PARA FAZER OUTRAS COISAS, COMO UM COFRINHO COM UMA GARRAFA PET.

– QUE TAL A GENTE PENSAR EM REAPROVEITAR AQUILO QUE É POSSÍVEL SER UTILIZADO NOVAMENTE? – PROPÔS BIANCA.

O SINAL TOCOU E AS CRIANÇAS SAÍRAM ANIMADAS PARA O RECREIO.

NICO E SUA TURMA FICARAM PENSANDO EM COMO PODERIAM AJUDAR A SALVAR O PLANETA.

COM AJUDA DA PROFESSORA, AS CRIANÇAS DECIDIRAM RECOLHER GARRAFAS PET E CONFECCIONAR UMA HORTA VERTICAL NA ESCOLA, JÁ QUE HAVIA POUCO ESPAÇO VERDE POR LÁ!

PARA COLOCAR O PLANO EM PRÁTICA, ELAS RESOLVERAM USAR OS QUATRO PASSOS QUE O VOVÔ AMADEU TINHA ENSINADO.

– O PRIMEIRO PASSO QUE O VOVÔ ENSINOU É O DIAGNOSTICAR – REVELOU NICO.

– SIGNIFICA ENCONTRAR AS GARRAFAS PET – COMPLETOU ISA.

– PODEMOS OLHAR EM NOSSAS CASAS, MAS TAMBÉM PEGAR AS QUE ESTÃO NA PRACINHA – DISSE NICO.

– O SEGUNDO PASSO É SONHAR – FALOU MATHEUS.

– NOSSO SONHO É A HORTA VERTICAL – DISSERAM NICO, ISA, MÔNICA E MATHEUS AO MESMO TEMPO.

– JÁ SABEMOS COMO CONSEGUIR AS GARRAFAS PET. DO QUE MAIS PRECISAMOS? – PERGUNTOU MÔNICA.

NO FIM DE TARDE, AS CRIANÇAS FORAM PERGUNTAR PESSOALMENTE AO VOVÔ AMADEU O QUE FALTAVA.

– VERIFICAR SE A QUANTIDADE QUE VOCÊS TÊM SERÁ SUFICIENTE PARA FAZER A HORTA. ESTE É O TERCEIRO PASSO: ORÇAR – DISSE O AVÔ.

– PARA ISSO, VOCÊS PRECISAM DO ÚLTIMO PASSO, POUPAR. ISSO SIGNIFICA ENCONTRAR UM LOCAL SEGURO PARA GUARDAR TODOS OS MATERIAIS QUE A TURMA ARRECADAR (ESSES MATERIAIS DEVEM ESTAR LIMPOS PARA NÃO ATRAIR INSETOS E OUTROS BICHOS). SIGNIFICA TAMBÉM ENCONTRAR FORMAS DE GUARDAR DINHEIRO PARA OS ITENS QUE VÃO PRECISAR COMPRAR.

– AS SEMENTES! – LEMBROU NICO.

– E COMO A GENTE FAZ PARA CONSEGUIR DINHEIRO PARA AS SEMENTES? – PERGUNTOU ISA.

VOVÔ AMADEU EXPLICOU ÀS CRIANÇAS QUE ELAS, DE CERTA FORMA, JÁ ESTAVAM "CONSEGUINDO DINHEIRO" AO REDUZIR O CONSUMO DE ÁGUA E DE ENERGIA ELÉTRICA EM CASA. O AVÔ DE NICO DISSE, ENTÃO, QUE ESSAS BOAS ATITUDES PODERIAM SER TRADUZIDAS EM UMA MESADA ECONÔMICA*.

– VOU PEDIR PARA A MAMÃE ESSA TAL MESADA – DISSE MÔNICA. – AFINAL, EU JÁ TOMO BANHO BEM RÁPIDO – RIU A GAROTA ANTES DE MONTAR NA SUA BICICLETA.

– EU TAMBÉM, EU TAMBÉM, EU TAMBÉM – DISSERAM TODOS AO MESMO TEMPO.

*NOTA DE RODAPÉ: QUANDO AS CRIANÇAS PRESTAM ATENÇÃO E EVITAM DEIXAR LUZES ACESAS E TORNEIRAS ABERTAS, ALÉM DE UMA SÉRIE DE ATITUDES POSITIVAS QUE AJUDAM A DIMINUIR OS GASTOS DE UMA CASA, OS PAIS PODEM OFERECER, EM TROCA, A MESADA ECONÔMICA, QUE É A DIFERENÇA ENTRE O VALOR REAL GASTO E O VALOR DO QUE SE GASTAVA NAS CONTAS DA FAMÍLIA.

TOMATE
ORÉGANO
ALECRIM
MANJERICÃO
HORTELÃ

A TURMA DO NICO LEVOU A IDEIA DA MESADA ECONÔMICA PARA A CASA DELES, E OS PAIS CONCORDARAM. DE VOLTA À ESCOLA, AS CRIANÇAS CONTARAM A NOVIDADE AOS OUTROS ALUNOS E, COM A AJUDA DAS FAMÍLIAS, ELAS CONSEGUIRAM OS ITENS QUE FALTAVAM.

QUE TAL PINTAR OS POTINHOS COM AS SEMENTES DA HORTA VERTICAL DA TURMA DO NICO?

NO DIA DE CONFECCIONAR A HORTA VERTICAL, NICO, SUA TURMA E AS DEMAIS CRIANÇAS ESTAVAM MUITO ANIMADAS E AJUDARAM NO PLANTIO DAS SEMENTES.

CIDREIRA
TOMATE
AGRIÃO
SÁLVIA
CEBOLINHA
ALECRIM
RÚCULA
ORÉGANO
SALSA
MANJERICÃO
MORANGO
COENTRO
HORTELÃ
TOMILHO
CAMOMILA

ALGUM TEMPO DEPOIS, AS PRIMEIRAS HORTALIÇAS COMEÇARAM A NASCER. A PROFESSORA BIANCA FEZ UMA NOVA RODA DE CONVERSA PARA DISCUTIR COM AS CRIANÇAS O QUE ELAS PODERIAM FAZER COM O QUE PLANTARAM.

A TURMA DO NICO OPTOU POR UM LANCHE NA ESCOLA.

E, ASSIM COMO DA PRIMEIRA VEZ, OS AMIGOS APLICARAM OS QUATRO PASSOS QUE O VOVÔ AMADEU ENSINOU PARA REALIZAR MAIS ESSE SONHO.

E O GRANDE DIA CHEGOU!!!

USAR AS HORTALIÇAS NA PRODUÇÃO DOS LANCHES FEZ AS CRIANÇAS APRENDEREM QUE "SONHO QUE SE SONHA JUNTO" TEM MAIS CHANCES DE SER REALIZADO.

FOI ASSIM TAMBÉM QUE NICO E SUA TURMA, COM AJUDA DAS FAMÍLIAS E DA PROFESSORA BIANCA, ENTENDERAM QUE ATITUDES SIMPLES, QUANDO REALIZADAS EM CONJUNTO, PODEM AJUDAR A SALVAR O PLANETA.

QUAL LANCHE VOCÊ FARIA COM OS INGREDIENTES PLANTADOS NA HORTA VERTICAL? SIGA AS ORIENTAÇÕES DA ATIVIDADE DA PÁGINA 41 E BOM APETITE.

ATIVIDADES

1. FAZEMOS AMIGOS POR ONDE PASSAMOS, E NA ESCOLA NÃO É DIFERENTE. O QUE VOCÊ ACHA DE FAZER UMA TEIA E VERIFICAR COMO ESTAMOS LIGADOS UNS AOS OUTROS?

MATERIAIS

- PAPEL KRAFT GRANDE
- CANETA PERMANENTE
- LÃ
- COLA
- FOTO DOS ALUNOS DA SALA

COMO FAZER

1. AS FOTOS PODEM SER TRAZIDAS DE CASA OU IMPRESSAS NA PRÓPRIA ESCOLA, A PARTIR DE UM ARQUIVO.
2. COLOQUE O PAPEL KRAFT NO CHÃO, ONDE TODOS POSSAM MANIPULÁ-LO. COLE SUA FOTO.
3. EM SEGUIDA, COLE UM FIO DE LÃ LIGANDO SUA IMAGEM À IMAGEM DE UM AMIGO.
4. NO FINAL, O PAINEL DEVERÁ FICAR EXPOSTO PARA QUE TODOS POSSAM SEMPRE VER COMO A TURMA É UNIDA.

atividade para sala de aula

Habilidades de educação financeira

- Criar laços afetivos, percebendo que, juntos, somos melhores.

2. NA HISTÓRIA A SEMENTE DOS SONHOS, VOCÊ APRENDEU QUE SER SUSTENTÁVEL É PROTEGER O PLANETA. IDENTIFIQUE O QUE FALTA NA IMAGEM AO LADO E COLE FOLHAS SECAS PARA COMPLETÁ-LAS. ASSIM, VOCÊ PODERÁ PERCEBER COMO OCORRE O CICLO DA VIDA.

MATERIAIS

- COLA
- FOLHAS SECAS CAÍDAS NO CHÃO

COMO FAZER

1. VOCÊ E SEUS AMIGOS VÃO RECOLHER FOLHAS SECAS QUE JÁ CAÍRAM DAS ÁRVORES EM UMA PRACINHA PERTO DA ESCOLA OU NA PRÓPRIA ESCOLA.
2. DEPOIS, PINTE O TRONCO DA ÁRVORE E COLE AS FOLHAS SECAS PARA REPRESENTAR A COPA.

atividade para sala de aula

Habilidades de educação financeira

- Aprender a cuidar do planeta, percebendo a importância de contribuir com atitudes positivas e mudanças de comportamento.

3. NA HISTÓRIA, MÔNICA APRENDEU COM A MÃE QUE TOMAR BANHOS RÁPIDOS AJUDA A DIMINUIR GASTOS E REALIZAR MAIS SONHOS. MAS COMO DESCOBRIR SE ALGO É RÁPIDO OU NÃO? QUE TAL APRENDER A FAZER UMA AMPULHETA PARA MEDIR O TEMPO NA HORA DO BANHO?

MATERIAIS

- 2 GARRAFAS PET PEQUENAS (237 mL)
- 1 TAMPINHA DE UMA DAS GARRAFAS
- AREIA COLORIDA, SECA E LIMPA
- FITA ADESIVA (DUREX)
- IMAGENS DECORATIVAS

COMO FAZER

1. COM AS GARRAFAS BEM LIMPAS E SECAS (POR DENTRO E POR FORA), O PROFESSOR FARÁ UM PEQUENO FURO NA TAMPINHA PARA QUE A AREIA POSSA PASSAR.
2. EM SEGUIDA, COLOQUE AREIA EM UMA DAS GARRAFAS E FECHE COM A TAMPA FURADA.
3. COLOQUE A OUTRA GARRAFA COM O GARGALO EM CIMA DA OUTRA, UNINDO AS BOCAS DAS GARRAFAS. PASSE A FITA DUREX ATÉ QUE AS GARRAFAS FIQUEM BEM FIXAS.
4. SUA AMPULHETA ESTÁ PRONTA! VOCÊ PODE ENFEITÁ-LA COM IMAGENS DECORATIVAS.
5. VIRE A GARRAFA COM A AREIA E VEJA ELA DESCER. O TEMPO QUE A AREIA LEVA PARA ENCHER A OUTRA GARRAFA É O PERÍODO QUE DEVE DURAR UM BANHO SATISFATÓRIO.

atividade para sala de aula

Habilidades de educação financeira

- Desenvolver noção de tempo, participando da economia em casa.

1.

2.

3.

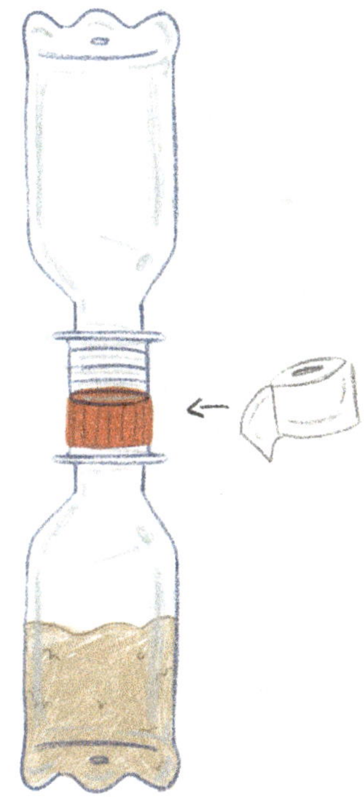

atividade para sala de aula

Habilidades de educação financeira

• Encontrar imagens que se relacionam a ações sustentáveis.

4. VOCÊ TAMBÉM QUER AJUDAR A TURMA DO NICO A SALVAR O PLANETA? COLE IMAGENS QUE REPRESENTEM ESSA AÇÃO EM UMA EMBALAGEM DE PLÁSTICO E OBTENHA UM PORTA-TRECO.

MATERIAIS

- IMAGENS RELACIONADAS À PROTEÇÃO DO MEIO AMBIENTE
- COLA
- EMBALAGEM PLÁSTICA

COMO FAZER

1. TROQUE IMAGENS COM OS AMIGOS.
2. DEPOIS DE OUVIR A EXPLICAÇÃO DO PROFESSOR, FAÇA A COLAGEM EM SUA EMBALAGEM E TENHA UM SUPER PORTA-TRECO.

atividade para sala de aula

Habilidades de educação financeira

• Conhecer as sementes, valorizando ainda mais as refeições.

5. NA HISTÓRIA A SEMENTE DOS SONHOS, NICO E SUA TURMA PLANTARAM SEMENTES E COLHERAM HORTALIÇAS E LEGUMES. QUE TAL FAZER UMA EXPERIÊNCIA PLANTANDO UM PÉ DE FEIJÃO?

MATERIAIS

- ALGODÃO
- 3 GRÃOS DE FEIJÃO
- 1 COPINHO DE CAFÉ DE PLÁSTICO

COMO FAZER

1. COLOQUE ALGUNS GRÃOS DE FEIJÃO NO COPINHO DE PLÁSTICO.
2. CUBRA COM ALGODÃO E REGUE COM ÁGUA.
3. DEIXE O POTINHO EM UM LOCAL COM LUZ SOLAR E MOLHE SEMPRE QUE O ALGODÃO ESTIVER SECO.
4. DESENHE A EVOLUÇÃO DE SUA SEMENTE.

atividade para sala de aula

Habilidades de educação financeira

- Colaborar com a construção de uma horta, aprendendo a poupar recursos.

6. NICO E SEUS AMIGOS QUEREM FAZER UMA HORTA VERTICAL NA ESCOLA. VAMOS PINTAR OS POTES E USÁ-LOS COMO VASINHOS?

MATERIAIS

- POTES DE IOGURTE, DE MANTEIGA OU DE SORVETE
- TINTA GUACHE COLORIDA
- AVENTAL PARA PINTURA
- PINCEL
- PALITOS DE SORVETE
- TESOURA COM PONTA ARREDONDADA
- COLA
- SEMENTES DE HORTALIÇAS
- TERRA
- ÁGUA

COMO FAZER

1. PINTE OS POTINHOS COM AUXÍLIO DO PINCEL. DEPOIS, DEIXE-OS SECAR.
2. FAÇA PLAQUINHAS COM O NOME DAS SEMENTES ESCOLHIDAS E COLE-AS NOS PALITOS DE SORVETE. VOCÊ TAMBÉM PODE ESCREVER NO PRÓPRIO PALITO. QUANDO SEU VASINHO ESTIVER SECO, É SÓ COLOCAR A PLAQUINHA, IDENTIFICANDO O QUE SERÁ PLANTADO NELE.
3. COM A AJUDA DO PROFESSOR, FAÇA UNS BURAQUINHOS NO FUNDO DO POTE.
4. COLOQUE TERRA NO POTE.
5. ESCOLHA AS SEMENTES QUE QUER PLANTAR E COLOQUE NO POTE. COLOQUE UM POUCO MAIS DE TERRA E REGUE.

7. CHEGOU A HORA DE EXPERIMENTAR O QUE PLANTOU! A TURMA DO NICO JÁ ESTÁ FAZENDO ISSO. VAMOS PREPARAR UM LANCHE NA ESCOLA UTILIZANDO OS INGREDIENTES QUE FAZEM BEM À SAÚDE.

atividade para sala de aula

Habilidades de educação financeira

- Aplicar os conhecimentos aprendidos fazendo suas próprias escolhas.
- Reconhecer a importância de todo o processo de alimentação e os cuidados que temos de ter com o meio ambiente.

MATERIAIS

- DUAS FATIAS DE PÃO DE FORMA (POR ALUNO).
- CADA ALUNO DEVE TRAZER DE CASA UM PRODUTO QUE CONSOME (MANTEIGA, QUEIJO, GELEIA ETC.).

COMO FAZER

1. ORGANIZEM UM LOCAL LIMPO PARA FAZER O LANCHE.
2. COLOQUE OS INGREDIENTES QUE VOCÊ TROUXE SOBRE A MESA E OBSERVE O QUE OS OUTROS AMIGOS TROUXERAM.
3. PEGUE O INGREDIENTE QUE VOCÊ QUER EXPERIMENTAR E COLOQUE NO SEU PÃO.
4. ESCOLHA, ENTRE AS HORTALIÇAS QUE VOCÊS PLANTARAM, QUAIS PRETENDE COLOCAR NO SEU LANCHE.
5. AGORA, A MELHOR PARTE... COMER... COMER... COMER.

8. OS AMIGOS DE NICO APRENDERAM QUE, COM A MESADA ECONÔMICA, REALIZAMOS SONHOS. PINTE SOMENTE AS AÇÕES QUE CONTRIBUEM PARA ISSO.

atividade para
sala de aula

Habilidades de educação financeira

- Analisar as boas ações que podem ser praticadas no dia a dia, diferenciando-as das demais.

Reinaldo Domingos

nasceu em Casa Branca, interior de São Paulo. Filho de pai ferroviário e de mãe autônoma, aos 12 anos de idade realizou o primeiro dos seus muitos sonhos: comprar uma bicicleta. Atualmente, é PhD em Educação Financeira e mentor de uma metodologia comportamental, a Metodologia DSOP, que aprendeu quando ainda era apenas uma criança, sobre como era possível realizar todos os sonhos – materiais ou não materiais.

Autor do long-seller Terapia Financeira e de diversos outros livros. Publicou as séries O Menino e o Dinheiro e O Menino do Dinheiro; e os livros O Menino do Dinheiro em Cordel, Sem Sonhos, O Sumiço do Cebola, A Menina do Rio, Diário dos Sonhos, entre outros. É autor, ainda, de três Coleções Didáticas de Educação Financeira para o Ensino Básico do país, adotadas por diversas escolas públicas e privadas.